CM
cycle 3

Les habits neufs de l'empereur
et autres histoires

Les habits neufs de l'empereur
Hans Christian Andersen

Le poil dans la main
Corinne Fleurot

Fabliaux du Moyen Âge

Toto l'ornithorynque et l'arbre magique
Omond et Yoann

Notes de **Pascal Dupont**
Formateur
IUFM Midi-Pyrénées

hachette
ÉDUCATION

ISBN : 978-2-01-116498-8

43 quai de Grenelle 75905 Paris cedex 15
www.hachette-education.com

AVANT-PROPOS

De la littérature, pour quoi faire ?

Les apprentissages fondamentaux : parler, lire, écrire ne sauraient se résumer à des savoir-faire décontextualisés et vides de sens. Ouvrir aux enfants la porte de la littérature, c'est les introduire dans des univers imaginaires, leur permettre de répondre à des questions existentielles à travers des œuvres de fiction, susciter leur curiosité et leur appétit d'apprendre.
À partir de ces références littéraires, les enfants se constitueront une première culture qui entrera en résonance avec les expériences et les lectures à venir.

Quelles œuvres choisir ?

Le bibliobus Hachette propose aux jeunes lecteurs des œuvres intégrales classiques et contemporaines propres à nourrir leur réflexion, à faire naître des interrogations, et qui sont adaptées à leur connaissance de la langue et à leur compréhension.
Elles sont sélectionnées parmi des œuvres du patrimoine, la bibliographie établie par le ministère de l'Éducation nationale et le fonds de romans des éditions Grasset Jeunesse.

Devenir lecteur

On le sait depuis longtemps : il ne suffit pas d'avoir appris à lire pour devenir lecteur. Le goût et le plaisir de lire ne peuvent se développer qu'à partir de rencontres fréquentes avec les textes. Il convient donc, avant tout, de lire beaucoup.

Les adultes accompagneront les enfants sur le chemin de la lecture en lisant eux-mêmes des textes à haute voix qui permettent de « raconter » l'histoire. Ils donneront ainsi aux enfants l'occasion de partager des émotions, de développer une première forme d'esprit critique tout en les guidant dans leur compréhension.
Pour éviter la mise en mémoire d'informations fragmentées, ils les aideront peu à peu à tisser des réseaux de significations entre différentes œuvres et différentes époques.

La littérature et l'histoire à l'école

L'école s'est fixé pour objectif de donner à chaque enfant les références culturelles nécessaires pour que le monde des hommes commence à prendre sens pour lui.
Dans le domaine de la **culture humaniste** : « L'**histoire** et la géographie donnent des repères communs, temporels et spatiaux, pour commencer à comprendre l'unité et la complexité du monde. Elles développent chez les élèves curiosité, sens de l'observation et esprit critique[1]. »
Dans le domaine de la **littérature** : « Le programme de littérature vise à donner à chaque élève un répertoire de références appropriées à son âge, puisées dans le patrimoine et dans la littérature de jeunesse d'hier et d'aujourd'hui ; il participe ainsi à la constitution d'une culture littéraire commune[2]. »
Il appartient aux éducateurs : enseignants, parents, médiateurs du livre, de relayer cette ambition.

Pascal Dupont

1 et 2 : *Les programmes de l'école primaire,* B. O. E. N., 19 juin 2008.

Hans Christian Andersen

Les habits neufs de l'empereur

D'après la traduction de D. Soldi (danois)

Illustré par Éric Puybaret

Il y avait autrefois un empereur qui aimait tant les habits neufs, qu'il dépensait tout son argent à sa toilette. Lorsqu'il passait ses soldats en revue, lorsqu'il allait au spectacle ou à la promenade, il n'avait d'autre but que de montrer ses habits neufs. À chaque heure de la journée, il changeait de vêtements, et comme on dit d'un roi : « Il est au conseil », on disait de lui : « L'empereur est à sa garde-robe. »

La capitale était une ville bien gaie, grâce à la quantité d'étrangers qui passaient.

Mais un jour il y vint aussi deux fripons qui se donnèrent pour des tisserands et déclarèrent savoir tisser la plus magnifique étoffe du monde. Non seulement les couleurs et le dessin étaient extraordinairement beaux, mais les vêtements

la toilette : les vêtements

la garde-robe : pièce dans laquelle sont rangés les vêtements

un fripon : une personne malhonnête, un voleur

se donner pour : se faire passer pour

confectionnés avec cette étoffe possédaient une qualité merveilleuse : ils devenaient invisibles pour toute personne qui ne savait pas bien exercer son emploi ou qui avait l'esprit trop borné.

exercer un emploi : faire un travail

un esprit borné : une personne peu intelligente

« Ce sont des habits impayables ! pensa l'empereur. Grâce à eux, je pourrai connaître les hommes incapables de mon gouvernement. Je saurai distinguer les habiles des niais. Oui, cette étoffe m'est indispensable. »

Puis il avança aux deux fripons une forte somme, afin qu'ils pussent commencer immédiatement leur travail.

une forte somme : beaucoup d'argent

Ils dressèrent en effet deux métiers, et firent semblant de travailler, quoiqu'il n'y eût absolument rien sur les bobines. Sans cesse ils demandaient de la soie fine et de l'or magnifique, mais ils mettaient tout cela dans leur sac, travaillant jusqu'au milieu de la nuit avec des métiers vides.

« Il faut cependant que je sache où ils en sont », se dit l'empereur.

Mais il se sentait le cœur serré en pensant que les personnes niaises ou incapables de remplir leurs fonctions ne pourraient voir l'étoffe. Ce n'était pas qu'il doutât de lui-même ; toutefois il jugea à propos d'envoyer quelqu'un pour examiner le travail avant lui. Tous les habitants de la ville connaissaient la qualité merveilleuse de l'étoffe, et tous brûlaient d'impatience de savoir combien leur voisin était borné ou incapable.

avoir le cœur serré : être très triste

juger à propos : préférer

brûler d'impatience : être extrêmement impatient

« Je vais envoyer aux tisserands mon bon vieux ministre, pensa l'empereur, c'est lui qui peut le mieux juger l'étoffe ; il se distingue autant par son esprit que par ses capacités. »

se distinguer : être remarquable

L'honnête vieux ministre entra dans la salle où les deux imposteurs travaillaient avec les métiers vides.

un imposteur : quelqu'un qui se fait passer pour ce qu'il n'est pas

« Bon Dieu ! pensa-t-il, en ouvrant de grands yeux, je ne vois rien. » Mais il n'en dit mot.

ne dire mot : se taire

Les deux fripons l'invitèrent à s'approcher, et lui demandèrent comment il trouvait le dessin et les couleurs. En même temps, ils montrèrent leurs métiers, et le vieux ministre y fixa ses regards ; mais il ne vit rien, par la raison bien simple qu'il n'y avait rien.

un métier : une machine qui sert à fabriquer le tissu

« Bon Dieu ! pensa-t-il, serais-je vraiment borné ? Il faut que personne ne s'en doute. Serais-je vraiment incapable ? Je n'ose avouer que l'étoffe est invisible pour moi. »

« Eh bien ! qu'en dites-vous ? dit l'un des tisserands.

charmant : très joli, exquis

– C'est charmant, c'est tout à fait charmant ! répondit le ministre en mettant ses lunettes. Ce dessin et ces couleurs. Je dirai à l'empereur que j'en suis très content.

– C'est heureux pour nous », dirent les deux tisserands, et ils se mirent à lui montrer des couleurs et des dessins imaginaires en leur donnant des noms. Le vieux ministre prêta la plus grande attention, pour répéter à l'empereur toutes leurs explications.

prêter attention : être très attentif

Les fripons demandaient toujours de l'argent, de la soie et de l'or. Il en fallait énormément pour ce tissu. Bien entendu qu'ils empochèrent le tout. Le métier restait vide et ils travaillaient toujours.

empocher : toucher de l'argent

Quelque temps après, l'empereur envoya un autre fonctionnaire honnête pour examiner l'étoffe et voir si elle s'achevait. Il arriva à ce nouveau député la même chose qu'au ministre : il regardait et regardait toujours, mais il ne voyait rien.

s'achever : se terminer

un député : une personne envoyée en mission officielle

« N'est-ce pas que le tissu est admirable ? demandèrent les deux imposteurs en montrant et expliquant le superbe dessin et les belles couleurs qui n'existaient pas.

– Cependant je ne suis pas niais ! pensait l'homme. C'est donc que je ne suis pas capable de remplir ma place ? C'est assez drôle, mais je prendrai bien garde de la perdre. »

faire l'éloge : dire beaucoup de bien

la magnificence : la richesse, la splendeur

Puis il fit l'éloge de l'étoffe, et témoigna toute son admiration pour le choix des couleurs et le dessin. « C'est d'une magnificence incomparable », dit-il à l'empereur. Et toute la ville parla de cette étoffe extraordinaire.

Enfin, l'empereur lui-même voulut la voir pendant qu'elle était encore sur le métier. Accompagné d'une foule d'hommes choisis, parmi lesquels se trouvaient les deux honnêtes fonctionnaires, il se rendit auprès des adroits filous qui tissaient toujours, mais sans fil de soie ni d'or, ni aucune espèce de fil.

un filou : un voleur, un escroc

« N'est-ce pas que c'est magnifique ? dirent les deux honnêtes fonctionnaires. Le dessin et les couleurs sont dignes de Votre Altesse. »

Et ils montrèrent du doigt le métier vide, comme si les autres avaient pu y voir quelque chose.

« Qu'est-ce donc ? pensa l'empereur, je ne vois rien. C'est terrible. Est-ce que je ne serais qu'un niais ? Est-ce que je serais incapable de gouverner ? Jamais rien ne pouvait m'arriver de plus malheureux. » Puis, tout à coup, il s'écria : « C'est magnifique ! J'en témoigne ici toute ma satisfaction. »

Il hocha la tête d'un air content, et regarda le métier sans oser dire la vérité. Tous les gens de sa suite regardèrent de même, les uns après les autres, mais sans rien voir, et ils répétaient comme l'empereur : « C'est magnifique ! » Ils lui conseillèrent même de revêtir cette nouvelle étoffe à la première grande procession. « C'est magnifique ! c'est charmant ! c'est admirable ! » s'exclamaient toutes les bouches, et la satisfaction était générale.

Les deux imposteurs furent décorés, et reçurent le titre de gentilshommes tisserands.

hocher la tête : remuer la tête pour montrer sa satisfaction

une procession : un défilé

s'exclamer : pousser des cris d'admiration

être décoré : recevoir une médaille

recevoir le titre de gentilhomme : être anobli

Toute la nuit qui précéda le jour de la procession, ils veillèrent et travaillèrent à la clarté de seize bougies. La peine qu'ils se donnaient était visible à tout le monde. Enfin, ils firent semblant d'ôter l'étoffe du métier, coupèrent dans l'air avec de grands ciseaux, cousirent avec une aiguille sans fil, après quoi ils déclarèrent que le vêtement était achevé.

à la clarté : à la lumière

la peine qu'ils se donnaient : les efforts qu'ils faisaient

L'empereur, suivi de ses aides de camp, alla l'examiner, et les filous, levant un bras en l'air comme s'ils tenaient quelque chose, dirent : « Voici le pantalon, voici l'habit, voici le manteau. C'est léger comme de la toile d'araignée. Il n'y a pas de danger que cela vous pèse sur le corps, et voilà surtout en quoi consiste la vertu de cette étoffe.

un aide de camp : un officier sous les ordres de l'empereur

la vertu : la qualité

– Certainement, répondirent les aides de camp ; mais ils ne voyaient rien, puisqu'il n'y avait rien.

– Si Votre Altesse daigne se déshabiller, dirent les fripons, nous lui essayerons les habits devant la grande glace. »

L'empereur se déshabilla, et les fripons firent semblant de lui présenter une pièce après l'autre. Ils lui prirent le corps comme pour lui attacher quelque chose ; c'était la queue.

Il se tourna et se retourna devant la glace.

« Grand Dieu ! que cela va bien ! quelle coupe élégante ! s'écrièrent tous les courtisans. Quel dessin ! quelles couleurs ! quel précieux costume ! »

Le grand maître des cérémonies entra.

« Le dais sous lequel Votre Altesse doit assister à la procession est à la porte, dit-il.

– Bien ! je suis prêt, répondit l'empereur. Je crois que je ne suis pas mal ainsi. »

Et il se tourna encore une fois devant la glace pour bien regarder l'effet de sa splendeur.

Les chambellans qui devaient porter la queue firent semblant de ramasser quelque chose par terre ; puis ils élevèrent les mains, ne voulant pas convenir qu'ils ne voyaient rien du tout.

Tandis que l'empereur cheminait fièrement à la procession sous son dais magnifique, tous les hommes, dans la rue et aux fenêtres, s'écriaient : « Quel superbe costume ! Comme la queue en est gracieuse ! Comme la coupe en est parfaite ! »

daigner : consentir, accepter de faire quelque chose

une pièce : un vêtement

le dais : grande pièce de tissu tendue sur un cadre et portée par des serviteurs pour protéger une personne importante

la splendeur : ce qui est extraordinairement beau

un chambellan : un gentilhomme au service de l'empereur

cheminer : marcher à pas lents

Nul ne voulait laisser voir qu'il ne voyait rien ; il aurait été déclaré niais ou incapable de remplir un emploi. Jamais les habits de l'empereur n'avaient excité une telle admiration.

exciter : faire naître, susciter

« Mais il me semble qu'il n'a pas du tout d'habit, observa un petit enfant.

– Seigneur Dieu, entendez la voix de l'innocence ! » dit le père.

chuchoter : parler à voix basse

Et bientôt on chuchota dans la foule en répétant les paroles de l'enfant.

« Il y a un petit enfant qui dit que l'empereur n'a pas d'habit du tout !

– Il n'a pas du tout d'habit ! » s'écria enfin tout le peuple.

L'empereur en fut extrêmement mortifié, car il lui semblait qu'ils avaient raison. Cependant il se raisonna et prit sa résolution :

« Quoi qu'il en soit, il faut que je reste jusqu'à la fin ! »

Puis, il se redressa plus fièrement encore, et les chambellans continuèrent à porter avec respect la queue qui n'existait pas.

être mortifié : être terriblement vexé

se raisonner : contrôler ses réactions en réfléchissant

une résolution : une décision

Corinne Fleurot

Le poil dans la main

Illustré par Jérôme Brassseur

Chapitre 1

Romain-qui-ne-fait-rien

– Romain, tu peux me donner un coup de main ? demande Valérie à son frère.
– Impossible ! Je digère, répond Romain en tapotant son ventre.
Puis il ajoute :
– Fais moins de boucan avec la vaisselle ! Tu me fatigues !
Valérie lâche une poignée de couverts dans l'évier, s'empare d'une fourchette et profère une terrible menace :

faire du boucan : faire beaucoup de bruit *(langage familier)*

proférer : dire violemment

– Tu vois cette fourchette ? Tu la vois bien ? Dans moins d'une seconde, si tu n'as pas ôté tes fesses de la chaise, je la plante dans ta main puis...
Romain ne connaîtra jamais la suite du réjouissant programme imaginé par sa sœur. Depuis le salon

où il repasse chemises et pantalons, son père vient de l'interrompre :

– Romain, tu sais que nous sommes dimanche soir ? As-tu fait tes devoirs ?

– Pas eu le temps, papa ! Je les ferai demain matin.
– Comment ça « pas eu le temps » ? Tu as passé la journée à lire des bandes dessinées !
– Justement ! Ça m'a pris tout mon temps !
– Romain, tu vas trop loin ! Si dans deux minutes tu n'es pas à ton bureau...
– Je dois aider Valérie à débarrasser la table !
– D'accord ! Mais dès que tu auras fini, tu iras étudier ! Je passerai te voir dans une heure.
Romain prend une serviette et la plie si lentement que sa sœur a le temps de ranger toutes les autres.
Tout à coup, sa maman surgit dans la cuisine :
– Romain ! Je ne peux pas passer l'aspirateur dans ta chambre tellement il y a du désordre. Tu m'avais promis que tu rangerais et tu n'as rien fait du tout !
– Mais si, maman ! J'ai commencé le rangement de mes livres !
– Tu veux parler des bandes dessinées que tu as étalées sur le tapis du salon ?
– Oui. Je voulais les ranger par ordre alphabétique. Comme il n'y avait plus de place dans ma chambre, j'ai tout emmené au salon.
– Et l'après-midi ne t'a pas suffi ?
Valérie s'empresse de répondre :
– Mais maman, bébé Romain ne connaît pas bien son alphabet !
Romain envoie à la figure de sa sœur la serviette si minutieusement pliée qui se déploie en plein vol avant de s'échouer sur le carrelage.

s'empresser : se dépêcher

minutieusement : soigneusement

– Ça suffit maintenant ! Romain, va ranger ta chambre !
– Mais maman, je ne peux pas ! Papa m'a demandé de faire mes devoirs !
– Tes devoirs ? Hum... C'est bon. Mais avant de te coucher, tu ramasseras tes affaires. Je viendrai te dire bonsoir.
Et Romain s'éloigne nonchalamment sans oublier de narguer sa sœur d'une grimace qui signifie : « Tu vois, même cette serviette-là, c'est toi qui la plieras ! »
Une heure plus tard, les parents de Romain entrent dans sa chambre. Pour la traverser, il faudrait des ailes, et encore ! Romain n'a rien rangé et n'a pas ouvert ses cahiers. Il dort ou fait semblant. En quittant la pièce, son père déclare :
– Romain, je te préviens, si tu continues comme ça, tu auras un fameux poil dans la main !

nonchalamment : sans se presser

narguer : provoquer

Chapitre 2

Poil dans la main

– Romain, c'est l'heure !
– Debout Romain ! Tu vas être en retard !
– Rom...
Mais Romain n'entend plus rien. Il a ouvert la moitié du quart d'un œil, puis s'est rendormi. On est si bien dans son lit ! Une minute ou une heure plus tard, Romain se réveille tout à fait, dérangé par un silence inhabituel. Aussi rapide qu'un escargot en fin d'hibernation, il émerge de la couette, s'étire paresseusement puis, étonné que personne ne vienne le secouer, s'écrie gaiement :
– Youpi ! Ils sont tous partis !

l'hibernation : la vie au ralenti de certains animaux l'hiver

émerger : sortir de dessous

une petite toilette de chat : une toilette très sommaire

choir : tomber

touiller : remuer

la paume : le creux de la main

Sans même faire une petite toilette de chat, Romain enfile ses vêtements de la veille puis se rend dans la cuisine en traînant la savate. Là, il tire la première chaise venue et y laisse choir lourdement son postérieur. Comme la table du petit déjeuner est encore dressée, il en profite pour remplir son bol de chocolat en poudre. Personne pour lui rappeler que deux cuillerées suffisent ! Il verse ensuite le lait qui attendait dans la casserole et touille distraitement son breuvage.

« Hé ! Pourquoi le chocolat ne se mélange pas au lait ? Mince, c'est froid ! Je dois me lever, gratter une allumette, tourner le bouton de la gazinière, attendre que ça chauffe... Et puis quoi encore ! Je vais juste avaler une tonne de tartines. Où sont-elles ? Ils auraient pu m'en laisser, quand même ! Il y a bien la baguette mais pas le courage de couper des tranches ! Tant pis, tant mieux ! conclut Romain, je vais m'acheter des croissants à la boulangerie. »

Il fouille dans la poche de son jeans et en retire quelques pièces qu'il place au creux de sa main pour les compter :

« Un franc, deux francs, sept... Hé, qu'est-ce que c'est que ça ? »

Au milieu de sa paume, un point noir aussi gros qu'un grain de poivre !

« Sûrement une tache d'encre ! Je vais frotter et elle va partir », pense Romain.

Mais il a beau cracher dans sa main, gratter de toutes ses forces au risque de s'arracher la peau, le point se refuse à disparaître.

Il va dans la salle de bains, se savonne énergiquement, se rince, puis regarde de nouveau : à la place du point, en plein cœur de sa main, long d'au moins un centimètre, il y a... un poil, un vrai, aussi dru qu'un poil de barbe. Romain sent monter la panique. Il se voit avec une main noire de poils, plus velue que la patte d'un singe. En plus c'est sa main droite, celle qui lui sert à peu près à tout comme par exemple faire signe aux copains. Enfin, une idée géniale efface toute cette angoisse :

dru : épais

velu : poilu

– La pince à épiler de maman ! À nous deux, le poil !
Le poil se détache facilement et Romain, soulagé, quitte la maison sans plus se soucier de sa main. Dans la rue, il rencontre un petit voisin, un de ces veinards encore trop jeunes pour aller à l'école.
– Hé Romain, tu me donnes un bout de réglisse ?
– Mais je n'en ai pas ! répond Romain en montrant ses mains pour prouver sa bonne foi.
– Menteur, Romain ! Menteur ! clame le petit avec rage, c'est quoi ça dans ta main ! Hein !

ne plus se soucier : ne plus faire attention

un veinard : quelqu'un qui a : de la chance

clamer : s'écrier

Chapitre 3

Une vie de chien

Si Romain sent des gouttes de sueur perler dans son dos, ce n'est pas parce qu'il court ! Il n'a même pas besoin de retourner sa main pour voir le long fil qui pend. Non, pas un fil ! Carrément une ficelle ! Devant la boulangerie, il roule nerveusement le poil sur lui-même comme... un rouleau de réglisse ! Il serre très fort le poing et, parce que tout ça ne lui a pas fait oublier sa faim, il achète des croissants. La boulangère, trop occupée à aligner son pain frais, ne s'aperçoit de rien mais le facteur, qui déposait le courrier sur le comptoir

perler : former de petites gouttes

par délicatesse : par discrétion et gentillesse

au même moment, a tout vu. Par délicatesse, il attend d'être sur le trottoir pour s'adresser à Romain :

– Hé gamin, montre-moi ce que tu as dans la main !

– Mais... je n'ai rien ! Rien que des croissants, répond Romain en montrant le sachet qu'il tient dans la main gauche.

– Je ne parle pas de cette main, tu le sais bien ! Tu n'as pas payé la sucrerie que tu caches dans l'autre ! Ça s'appelle un vol et...

Le facteur n'a pas terminé sa phrase que Romain est déjà loin. Il court à perdre haleine. Son galop le mène au centre de la ville. Là, il y a un grand magasin dont la vitrine regorge de jouets mécaniques si magnifiques que Romain s'arrête net.

regorger : être empli

Tout en grignotant ses croissants, il suit des yeux un superbe train électrique. Il oublie son poil qui grandit toujours.

grignoter : manger des petits bouts d'un aliment

– Oh non ! s'écrie une dame en lisant sur la porte du magasin : CHIENS INTERDITS.

Elle s'adresse alors à Romain :

– Dis, toi, puisque ta laisse ne te sert pas, j'y attache celle de mon petit chien. À tout de suite !

L'énorme berger allemand enfonce ses crocs dans le poil qui s'allonge un peu plus. Un autre client arrive et, pareil à la dame au «petit chien», arrime son caniche au poil, devenu plus épais qu'un cordage de voilier. Bientôt, sept chiens de toutes tailles, de toutes races, mais tous pareillement excités, entraînent Romain dans une valse ébouriffée.

arrimer : attacher

une valse ébouriffée : un tourbillon

Pour couronner le tout, une voiture donne un grand coup de frein tandis qu'une autre klaxonne. Éffrayés, les chiens s'élancent, gueules serrées sur le poil qui se tend puis emporte Romain dans une course folle. Ils ne consentent à s'arrêter qu'à la vue d'un minuscule chihuahua, hargneux pour huit, montrant des crocs dérisoires. La meute

un chihuahua : un très petit chien d'origine mexicaine

effrayée s'égosille et la maîtresse du chihuahua s'énerve :
– Quelle idée d'avoir tant de chiens ! Et cette laisse trois fois trop longue !
– Ces chiens ne sont pas à moi et je n'ai pas de laisse !
– Quel affreux menteur !
Romain voudrait bien répondre qu'il est juste un peu fainéant mais les chiens, pressés de s'éloigner du chihuahua, font demi-tour en emmêlant leurs laisses. Romain, déséquilibré, est à nouveau entraîné mais, cette fois, les pieds en l'air et les fesses par terre.

turbulent : très agité

Et voici le groupe turbulent revenu à son point de départ. Les clients récupèrent leur chien en

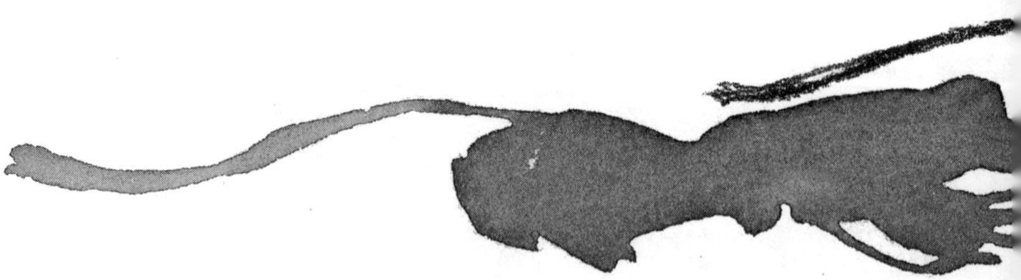

remerciant Romain. « Je n'y suis pour rien ! » pense Romain, encore plus en rage qu'en nage, « Sans ce maudit poil, jamais je ne vous aurais rendu service ! » Et le derrière meurtri, Romain, de très mauvais poil, reprend le chemin de son école buissonnière.

de mauvais poil : de mauvaise humeur *(langage familier)*

Chapitre 4

Coup de main

Midi. Enfin une rue tranquille ! Romain longe une rangée de villas flanquées de jardins fleuris. À côté de l'une d'elles, un gros arbre supporte une plate-forme en bois. On y accède au moyen d'une échelle. Voilà qui excite l'imagination de Romain. Il ne remarque ni la ficelle effilochée qui traîne par terre, ni la barre de fer tordue, ni la jeune femme penchée sur une grosse bassine.

– Mon étendage cassé et tout ce linge à sécher ! Il me faut absolument ces chemises pour ce soir ! Hé

flanqué : situé contre

effiloché : très usé

toi là-bas, avec la grosse corde, tu ne voudrais pas me rendre un petit service ?
Romain n'a pas le temps de répondre que déjà la femme s'est emparée de son poil, l'enroulant autour de l'arbre. Puis, en un temps record, elle étend sa lessive en annonçant à Romain qu'elle va acheter un sèche-linge.
– J'en ai pour cinq minutes. Je te laisse mon chat. Tu verras, il est mignon comme tout.
Sur ces mots, elle saute dans sa voiture qui s'éloigne à toute vitesse.
Et voilà Romain transformé en poteau ! Après la gymnastique du matin, l'immobilité forcée, contrairement aux apparences, n'a rien de reposant. Romain a mal partout. Il n'a jamais autant travaillé. Et la dame qui ne revient pas... Poil de malheur ! Romain n'a plus qu'une envie : retourner à l'école !
Bientôt, le mignon chaton fait ses griffes sur ses jambes. Si Romain se baisse, le linge traînera par terre et se salira. Alors il lève bien haut le bras qui soutient les chemises et étire l'autre vers le bas pour chasser le chat. Cette position si inconfortable lui donne d'horribles crampes.
Romain n'en a pas fini avec les ennuis, soudain il pleut des cordes ! Le linge alourdi pend de plus en plus et le poil n'en finit pas de s'allonger. Tout en reculant, Romain doit lever le bras toujours plus haut. Quelle torture !

une crampe : une contraction musculaire

il pleut des cordes : il y a une pluie battante *(langage familier)*

On dit qu'après la pluie vient le beau temps. Ce n'est pas vrai ce jour-là car le vent souffle si fort qu'en un tour de main il sèche et le linge et Romain. Ce dernier tangue comme un bateau en perdition, lutte pour rester debout et garder le fil droit.

tanguer : se balancer

Au comble du désespoir, Romain crie dans la tempête :

au comble de : degré le plus élevé, au sommet de

– Quand tout cela finira-t-il ?

Comme s'ils l'avaient entendu, le vent s'arrête et la femme surgit de nulle part. Elle est enchantée : toutes les chemises sont sèches.

surgir : apparaître brusquement

– Je n'ai pas été trop longue ? Finalement, je n'ai rien acheté car j'ai rencontré une copine ; on a un peu bavardé. Mais, où est mon chat ?

Posté sur la plate-forme, le chat, en voyant sa maîtresse, lance des miaulements déchirants car, s'il a su grimper, il ne sait pas comment redescendre.

déchirant : plaintif

– Pauvre minou ! L'échelle est en mauvais état et j'ai le vertige. Que faire ? Tu n'aurais pas une idée, toi ?

Romain a plus qu'une idée, il a au creux de la main un poil assez costaud pour servir de lasso. Bravant le danger, il monte à sa propre corde. Le bois craque mais Romain continue. Le sauveur tend bientôt le chat à sa maîtresse, et elle lui propose un goûter. Romain refuse. Il a hâte de rentrer. Même s'il y était contraint, il n'aurait plus la force de donner un coup de main à qui que ce soit...

braver le danger : affronter le danger sans peur

être contraint : être obligé

Chapitre 5

Le cœur sur la main

Le soir tombe. Les réverbères s'allument. À quelques mètres de Romain, une petite ombre courbée avance péniblement. Sans se presser, Romain n'a aucun mal à la rattraper. C'est une très vieille dame qui entoure de ses bras une valise plus grosse qu'elle. Elle est si absorbée par sa tâche qu'elle ne remarque pas un léger affaissement du trottoir. Un faux pas et la valise s'ouvre, laissant échapper une bonne partie de son contenu sur la route.

absorbé : complètement occupé

Romain se précipite sur les robes, les foulards, les mouchoirs, et les ramasse avant qu'une voiture ne passe. Puis il les plie et les range. Comme la valise ne ferme plus, il propose son aide à la vieille dame.
– J'en ai bien besoin, mon train part dans dix minutes. Mais pourquoi fais-tu tout ça ? Je ne t'ai rien demandé !
– Justement ! On n'arrête pas de me dire « fais ci, fais ça » !
– C'est simple, fais les choses avant qu'on te les demande !
– Oui mais, ces choses-là, je n'aime pas les faire, répond Romain en entourant de son poil la lourde valise qu'il tire jusqu'à la gare en peinant.

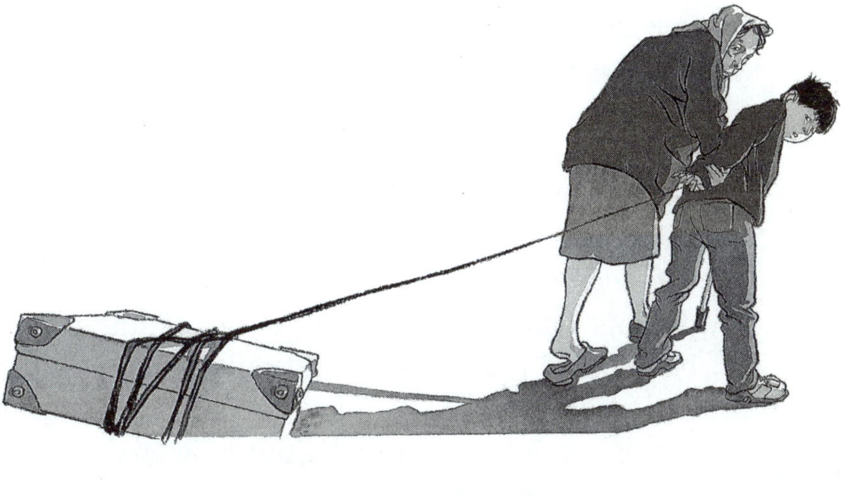

« Décidément, rien au monde n'est plus fatigant qu'un poil dans la main ! » pense-t-il avec humour, étonné du plaisir qu'il prend à rendre servicc. Sur le quai résonne un grand coup de sifflet : le train va partir ! Pourtant, Romain accompagne la vieille dame jusqu'au bout. Il l'aide à trouver son wagon et sa place, à installer sa valise dans le porte-bagages. Puis il saute du train en marche.

Malgré le bruit du moteur, il entend encore ces mots :

avoir le cœur sur la main : être très généreux

– Plutôt qu'un poil, c'est le cœur que tu as sur la main !

Sur le chemin du retour, Romain aperçoit la dame au chihuahua. Impossible de l'éviter !

une ribambelle : toute une troupe

– Tu es bien le garçon qui promenait une ribambelle de chiens ce matin ? Mon toutou avait une indigestion. J'étais de mauvaise humeur et je n'ai pas été très gentille avec toi. Tu ne m'en veux pas ?

– Non, non, répond Romain en s'éloignant. Un peu plus loin, il rencontre le facteur qui a terminé sa tournée.

chiper : voler

– Petit... pour ce matin, tu m'excuses, hein ? Je croyais que tu avais chipé du réglisse à la boulangère mais elle m'a dit qu'elle n'en vendait pas...

balbutier : parler en hésitant

– Oh, ce n'est rien... balbutie Romain qui a presque atteint sa maison.

Mais avant d'y arriver, il y a encore le voisin ! Le garçon est toujours à la même place comme si, durant toute cette éprouvante journée, il n'avait fait qu'attendre Romain. Seulement lui n'a pas dans l'idée de se réconcilier :

– Tu as mangé tout le réglisse et tu ne m'en as pas laissé ! Égoïste !

– Demain, promis, je t'en donne un.

– Super, Romain ! Tu es sympa !

Il est tard. Romain, épuisé mais content, rentre chez lui. Il plonge sous sa couette et s'endort enfin. Il l'a bien mérité !

éprouvant : difficile

être égoïste : ne penser qu'à soi

Chapitre 6

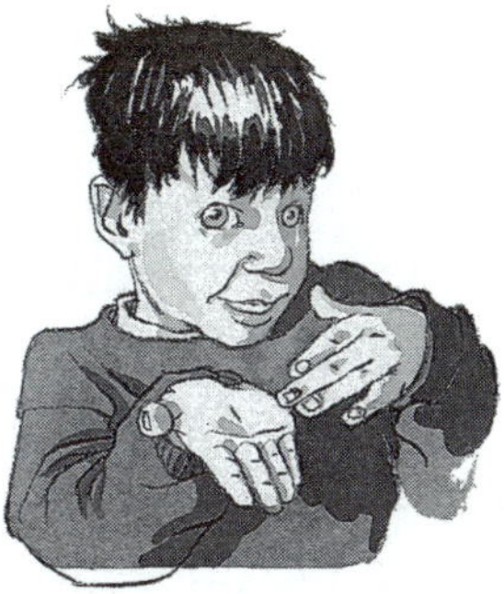

La main à la pâte

C'est lundi. Après le grand silence de la nuit, la maison se remplit des bruits familiers du matin. Le réveil explose. Les volets claquent. La chasse d'eau gronde. La douche éclate en mille gouttelettes fraîches qui rebondissent sur l'émail de la baignoire ou clapotent sur le carrelage. Ça sent bon le savon mais l'eau de toilette pour homme mélangée à celle de ces dames écœure un peu.

Valérie fait son lit en chantonnant. Son papa siffle sous la douche. Sa maman brosse ses cheveux devant le miroir en criant :
– Romain, c'est l'heure !

tendre l'oreille : écouter attentivement

En passant devant la chambre de son fils, elle tend l'oreille mais ne perçoit aucun bruit.
– Debout Romain ! C'est tous les jours la même chose. Tu vas encore te lever au dernier moment et arriver en retard à l'école ! Allez, dépêche-toi !

tomber en arrêt : s'arrêter net

dressé : préparé

Puis elle gagne la cuisine, aussitôt rejointe par Valérie et son père. Tous trois tombent en arrêt devant un spectacle incroyable : le café noir et odorant attend sagement dans la cafetière la venue des parents, le lait pour le chocolat fume dans la casserole, la table du petit déjeuner est dressée, près de chaque bol sont empilées des tartines grillées et beurrées, il y a même un petit bouquet de fleurs multicolores qui ensoleille toute la table !

absurde : insensé, incroyable

– C'est toi, Valérie, qui as préparé cette bonne surprise ? demande la maman attendrie.
– Ben non... Je viens seulement de me lever. C'est toi, papa ?
– Pas du tout ! J'ai juste eu le temps de sauter du lit à la douche ! Si ce n'est aucun d'entre nous, qui cela peut-il être ? Vous croyez que... s'exclame-t-il sans pouvoir terminer sa phrase tellement l'idée lui paraît absurde.

Et Valérie de poursuivre à sa place :

– Lui ? im-po-ssible ! Il se lève quand on a déjà fini notre petit déjeuner, il ne risque pas de nous le préparer ! Je suis sûre qu'il dort encore.

– Tout de même, allons vérifier ! On ne sait jamais...

– C'est ça, maman, on peut rêver ! dit Valérie en se dirigeant vers la chambre de son frère en même temps que ses parents.

Ils ouvrent la porte et...

– Ça alors, le lit est fait !

– Le pyjama est plié !

– Les jouets sont rangés !

Romain est assis à son bureau où il termine ses devoirs. Il tourne le dos à sa famille éberluée. Tout à coup, il fait volte-face en montrant fièrement sa paume. C'est lisse et rose. Il n'y a plus rien, rien que les lignes de sa main.

éberlué : stupéfait

faire volte-face : se retourner

un coup de main : de l'aide

– Vous avez besoin d'un coup de main ? Pas de problème ! Romain n'aura plus jamais de poil dans la main ! Enfin... peut-être un tout petit le dimanche matin et pendant les vacances, et aussi le mercredi, le samedi, le jour de mon anniversaire, le...

Et les parents de rire tandis que Valérie arrête Romain en s'écriant :

– Au poil !

Fabliaux du Moyen Âge

Traduit par Jean-Claude Aubailly

Illustré par Annie-Claude Martin

Le vilain de Farbus

par Jean Bodel

Seigneurs, un jour du temps jadis, il arriva qu'un vilain de Farbus devait aller au marché ; sa femme lui avait donné cinq deniers et quelques mailles pour les employer ainsi que vous allez m'entendre le raconter : trois mailles pour un râteau, deux deniers pour un gâteau qu'elle voulait tout chaud et croustillant, et trois deniers pour ses dépenses.

un vilain : un paysan (au Moyen Âge)

un denier, une maille : anciennes pièces de monnaie

Elle mit cet argent dans sa bourse et, avant que de les laisser partir, elle lui fit le décompte de ses dépenses : un denier tout rond pour des petits pâtés et de la cervoise, compta-t-elle, et deux deniers pour le pain, ce serait suffisant pour son fils et lui.

le décompte : le compte

la cervoise : une bière fabriquée avec du blé ou de l'orge

initier : faire découvrir

tromper les fourbes : jouer un tour aux personnes mal intentionnées

tout de go : sans détour

une aubaine : une chance

Alors le vilain sort par la porte du jardin et se met en route. Il emmène avec lui son fils Robin pour l'initier à la vie et aux coutumes du marché.

Au marché, devant une forge, un forgeron avait laissé traîner, comme s'il était à l'abandon, un fer encore chaud pour tromper les fourbes et les niais qui, souvent, s'y laissaient prendre. Le vilain, en l'apercevant, déclara tout de go à son fils qu'un fer était une bonne aubaine.

Robin s'agenouilla près du fer et le mouilla en crachant dessus : le fer, qui était chaud, se mit à bouillir avec une grande effervescence. Quand Robin vit le fer aussi chaud, il se garda bien de le toucher et s'en alla en le laissant en place. Le vilain, qui était ignorant, lui demanda pourquoi il ne l'avait pas pris.

« Parce qu'il était encore tout brûlant, le fer que vous aviez trouvé !

– Comment t'en es-tu rendu compte ?

une effervescence : un bouillonnement

– Parce que j'ai craché dessus et qu'il s'est mis immédiatement à frire et à bouillir ; or il n'y a sous le ciel aucun fer chaud qui, si on le mouille, ne se mette à bouillir : c'est ainsi qu'on peut le savoir.

– Eh bien, tu m'as appris là une chose que j'apprécie beaucoup, fit le vilain, car souvent je me suis brûlé la langue ou le doigt en attrapant quelque chose mais quand, dorénavant, le besoin s'en fera sentir, je m'y prendrai comme tu l'as fait. »

frire : cuire comme dans de l'huile

Ils arrivèrent alors devant un étal où l'on vendait du pain, du vin, de la cervoise, des petits pâtés et bien d'autres choses.

Robin, qui était très gourmand, déclara aussitôt qu'il voulait en avoir. Ils firent le compte de leur argent et trouvèrent les cinq deniers et les mailles. Ils dépensèrent sans la moindre retenue trois deniers pour leur déjeuner après quoi il ne leur resta plus qu'à prendre le chemin du retour.

un étal : une table sur laquelle on présente les marchandises à vendre

Ils achetèrent un râteau pour trois mailles et un gâteau mal travaillé et plein de grumeaux pour deux deniers. Robin le mit dans son giron et le vilain porta le râteau. Ils sortirent par la porte de la ville et reprirent le chemin de leur maison.

un grumeau : une petite boule qui se forme dans une pâte qui est mal mélangée

dans son giron : dans sa ceinture

La femme du vilain, en ouvrant la porte du jardin, les accueillit avec un visage plus renfrogné qu'un plat à barbe ou une arbalète :
« Où est mon gâteau ? dit-elle.
– Le voilà, répondit le vilain, mais, si vous m'en croyiez, vous en feriez un morteruel sur-le-champ car je meurs de faim. »

renfrogné : de mauvaise humeur, maussade

un morteruel : sorte de soupe de pain

Elle allume aussitôt un feu de brindilles et s'active. Robin nettoie la poêle. Ils se hâtent de tout préparer.
Dès que la poêle se met à bouillir, le vilain en a l'eau à la bouche. Il demande qu'on lui mette son écuelle, celle qui est bien creuse et dans laquelle il a l'habitude de manger :
« Je ne veux pas en changer car j'en ai souvent été satisfait. »
Sa femme la lui remplit pleine à ras bord. Et il ne prend pas une cuiller plus petite que celle qu'on utilise pour tourner dans les pots et servir ; il la remplit autant qu'il le peut de morteruel bouillant et crache dessus afin de ne pas se brûler, ainsi que Robin l'avait fait sur le fer chaud.

Mais le morteruel qui avait été porté à ébullition sur le feu de brindilles, ne frémit pas.

porter à ébullition : faire bouillir

Le vilain ouvre grand la bouche et y enfourne d'un coup la plus douloureuse gorgée dont il eut jamais l'occasion de se repaître car, avant même qu'il ait pu l'avaler, il eut la langue si brûlée, la gorge si embrasée et le tube digestif si échauffé qu'il ne put ni cracher ni avaler et qu'il se crut aux portes de la mort.

Il devint écarlate.

« Certes, fait Robin, c'est surprenant de voir qu'à votre âge vous ne savez pas encore manger !

– Ah ! Robin, infâme traître, par ta faute je suis dans un tel état que je te souhaite tous les maux possibles ! Car, malheureux que je suis, je t'ai cru et j'en ai la langue complètement brûlée et l'intérieur de la bouche à vif !

– C'est parce que vous n'avez pas correctement soufflé sur votre cuiller. Pourquoi n'avez-vous pas soufflé suffisamment avant de la porter à votre bouche ?

– Mais ce matin tu n'as pas soufflé sur le fer chaud que j'avais trouvé !

– Non, je l'ai éprouvé avec plus de sagesse : j'ai craché dessus pour le mouiller.

– J'ai fait la même chose sur ma cuiller et je me suis tout brûlé, fit le père.

enfourner : avaler goulûment

se repaître : se nourrir

devenir écarlate : devenir tout rouge, cramoisi

à vif : avec la chair à nu

éprouver : vérifier

– Sire, répondit Robin, par le Saint Père, au moins jamais plus, à votre corps défendant, vous n'oublierez que le fer chaud n'est pas du morteruel ! »

Seigneurs, retenez cela : l'époque est maintenant telle que le fils donne des leçons au père et il n'est pas un jour où cela ne soit évident, ici et ailleurs, ainsi que je le pense, car les enfants sont plus fins et rusés que ne le sont les vieillards chenus.

chenu : aux cheveux blancs

Le vilain de Farbus l'apprit à ses dépens.

Estula

Il y avait jadis deux frères qui n'avaient plus ni père ni mère pour les conseiller et qui vivaient seuls sans la moindre compagnie.
Pauvreté était leur seule amie car bien souvent elle leur tenait compagnie et c'est là une amie qui fait souffrir plus qu'à leur tour ceux avec lesquels elle se trouve. Et il n'est guère de souffrance plus pénible. Les deux frères dont je vais vous parler demeuraient ensemble. Une nuit, mourant de faim, de soif et de froid – maux qui harcèlent souvent ceux que pauvreté tient sous sa coupe – ils se mirent à penser au moyen de se défendre contre la pauvreté qui les oppressait et les faisait vivre dans un malaise perpétuel.

harceler : poursuivre, tourmenter

tenir sous sa coupe : tenir en son pouvoir

oppresser : accabler

perpétuel : incessant

réputé : connu

Un homme réputé pour sa grande richesse demeurait près de chez eux. Eux sont pauvres et le riche est sot. Il avait des choux dans son jardin et des brebis dans son étable. Les deux frères se sont dirigés vers sa maison : la pauvreté fait souvent perdre l'esprit. L'un a pris un sac à son cou et l'autre un couteau à la main.

perdre l'esprit : devenir fou

Tous les deux arrivent à pied d'œuvre ; l'un entre dans le jardin et sans plus attendre se met à couper les choux, et l'autre se dirige vers l'étable, atteint la porte et l'ouvre ; puis, comme il lui semble que tout va pour le mieux, il se met à tâter les moutons pour trouver le plus gras.

Mais personne n'était encore couché dans la maison de sorte que l'on entendit le bruit de la porte de l'étable quand il l'ouvrit. Le bourgeois appela son fils.
« Va voir dans le jardin s'il n'y a rien d'anormal et appelle le chien. »

un bourgeois : un riche habitant d'un bourg au Moyen Âge

Le chien s'appelait Estula mais, par chance pour les deux frères, cette nuit-là, il n'était pas dans la cour. Le garçon, tout en prêtant l'oreille, ouvrit la porte donnant sur la cour et appela :
« Estula ! Estula ! »
Et celui des deux frères qui était dans l'étable répondit :
« Oui, je suis là. »

prêter l'oreille : écouter attentivement

fermement : avec assurance

Il faisait très sombre, de sorte que le garçon ne put pas apercevoir celui qui lui avait ainsi répondu. Il crut fermement que c'était le chien qui lui avait répondu, et sans attendre, il revint en courant vers la maison où il arriva tout tremblant de peur.

« Qu'as-tu donc, beau fils ? lui demanda le père.

– Père, je vous le jure sur la tête de ma mère, Estula vient de me parler.

– Qui ? Notre chien ?

– Oui, vraiment. Et si vous ne voulez pas me croire, appelez-le vous-même : vous pourrez l'entendre. »

Le bourgeois sortit précipitamment dans la cour pour voir ce miracle et il se mit à appeler son chien Estula. Et l'autre, qui ne s'était aperçu de rien, répondit :
« Mais oui, je suis là. »
Le bourgeois en fut tout éberlué :
« Par tous les saints et les saintes, fils, j'ai déjà entendu des choses étonnantes, mais comme celle-ci jamais ! Dépêche-toi, va raconter ces merveilles au curé et ramène-le avec toi. Et dis-lui d'apporter avec lui son étole et de l'eau bénite. »

éberlué : stupéfait

une étole : large bande de tissu ornée de croix portée par les prêtres pendant la messe

Le garçon prit ses jambes à son cou et arriva bien vite au presbytère.
Sans perdre un instant, il s'approcha du prêtre et lui dit :
« Sire, venez chez nous ; suivez-moi vite : vous allez entendre des choses si étonnantes que vous n'en avez jamais entendu de pareilles. Prenez votre étole au cou. »
Mais le prêtre lui répondit :
« Tu es complètement fou de vouloir m'emmener dehors. Je suis pieds nus ; je ne veux pas y aller. »
Le garçon lui répliqua :
« Si ! Vous viendrez : je vous porterai. »

Sans dire un mot de plus, le prêtre prend son étole, monte sur le dos du garçon et les voilà partis.
Pour arriver plus vite, le garçon descendit tout droit par le sentier qu'avaient emprunté ceux qui étaient en quête de subsistance.

être en quête : rechercher

la subsistance : la nourriture

Celui qui était en train de ramasser les choux vit arriver la silhouette blanchâtre du curé ; il crut que c'était son frère qui revenait en portant son larcin et il lui demanda joyeusement : « Rapportes-tu quelque chose ?
– Par ma foi, oui, répondit le garçon qui pensait que c'était son père qui avait parlé.
– Alors vite, pose-le là. Mon couteau est bien émoulu car je l'ai fait affûter hier à la forge ; je vais lui trancher la gorge. »

un larcin : un vol

émoulu : aiguisé

Quand le prêtre entendit cela, il crut qu'on l'avait attiré dans un piège et, sautant des épaules du garçon, il prit ses jambes à son cou, tout affolé. Mais il accrocha son surplis à un pieu de sorte qu'il y resta et il n'osa pas prendre le temps de la décrocher.
Celui qui ramassait les choux ne fut pas moins surpris que celui qui s'enfuyait à cause de lui : il ne comprenait pas ce qui lui avait pris !

un surplis : la tunique blanche des prêtres

néanmoins : cependant

Néanmoins il alla prendre cette chose blanche qu'il voyait pendre au pieu et il vit que c'était un surplis. L'autre frère sortit alors de l'étable avec un mouton sur le dos ; il appela celui qui avait rempli son sac de choux et tous les deux, les épaules bien chargées, regagnèrent sans plus s'attarder leur maison qui n'était pas loin. Celui qui avait ramassé le surplis montra son butin à son frère : tous les deux ont bien plaisanté.

un butin : ce qui a été pris par un voleur

Ils avaient maintenant retrouvé l'envie de rire que naguère ils avaient perdue.

naguère : autrefois

En peu de temps Dieu accomplit son œuvre. Tel rit le matin qui pleure le soir, et tel est triste le soir qui est gai et heureux au matin.

Le tailleur du roi et son apprenti

un tailleur : personne qui confectionne des vêtements

Il y avait jadis un roi qui avait un excellent tailleur ; ce maître tailleur avait à son service une équipe d'employés qui cousaient ce qu'il taillait.
Parmi ceux-ci se trouvait un jeune garçon tailleur, nommé Nidui, très habile dans son métier car il savait parfaitement coudre et tailler.

convoquer : faire appeler

fastueusement : en déployant de grandes richesses

À l'approche d'une grande fête, le roi convoqua son tailleur et se fit tailler de très riches habits pour la célébrer fastueusement. Le maître tailleur rassembla son équipe et la mit activement à l'ouvrage.

déléguer : envoyer

un chambellan : un gentilhomme au service du roi

distraire à leur profit : dérober

Pour accélérer le travail, le roi délégua son chambellan auprès des apprentis afin de leur fournir tout ce dont ils auraient besoin tout en leur évitant la possibilité de distraire à leur profit la moindre partie des fournitures.

Un jour ils eurent pour leur repas du pain et du miel, et bien d'autres choses en abondance. Mais il se trouva qu'à ce moment-là Nidui était absent de l'assemblée.
Le chambellan, qui s'en était aperçu, appela le maître tailleur et lui dit :
« Il serait juste que vous attendiez le retour de Nidui, votre garçon tailleur. »
Le maître tailleur, avec une finesse déguisée, répondit :
« Nous l'aurions bien volontiers attendu mais il ne mange pas de miel et il pourra bien manger autre chose à sa suffisance. »

vif : violent

Quand ils eurent tous mangé, Nidui arriva ; il entra dans une violente colère envers ses camarades de travail et leur adressa de vifs reproches :
« Pourquoi avez-vous déjeuné sans moi ? Il me semble que la moindre des choses était de m'attendre ! »

Le chambellan lui répondit :
« C'est bien ce que je leur ai dit ; mais votre maître m'a affirmé – et j'ignore dans quelle intention il a agi ainsi – que vous ne mangiez pas de miel et que vous auriez bien assez du reste. »

Nidui ne pipa mot mais en son for intérieur il chercha la manière de rendre la monnaie de la pièce.

ne piper mot : rester muet

en son for intérieur : en lui-même

rendre la monnaie de sa pièce : se venger

à mots couverts : sans dire où l'on veut en venir

périodiquement : à intervalles réguliers

aucun dommage : aucun tort

Un jour, il vint en grand secret trouver le chambellan et s'adressa à lui à mots couverts : « Seigneur, lui dit-il, au nom de Dieu, je vous prie de m'écouter car il faut que vous soyez mis au courant d'une certaine chose : périodiquement, à chaque changement de lune, notre maître a des troubles mentaux ; il perd le sens et devient fou et si, alors, il n'est pas rapidement ligoté, toute personne qui croise son chemin risque de ne plus jamais pouvoir manger de pain ! »
Le chambellan répondit alors à Nidui :
« En vérité, si je pouvais prévoir précisément le début de ces crises, je le ferais si bien ligoter qu'il ne pourrait vous causer aucun dommage. »

Nidui répliqua alors :
« Je vais vous dire comment cela se passe, car j'ai déjà eu l'occasion d'assister à ces crises : quand il se mettra à regarder ici et là et à battre de la main l'espace autour de lui et quand il se relèvera brusquement en bousculant son escabeau, alors vous pourrez être assuré que c'est sa folie qui le prend et il n'en sortira pas avant d'être ligoté et battu. »

assuré : certain

avant-coureur : qui annonce

Le chambellan dit alors à Nidui :
« Je vais le surveiller du mieux que je le pourrai et quand je verrai les signes avant-coureurs de la crise que vous m'avez décrits, je le ferai ligoter et battre. Plaise à Dieu que, par suite de sa folie, personne d'entre nous ne perde la vie ! »
Nidui ne perdit pas de temps : il cacha les ciseaux de son maître.

Un jour, ce dernier voulut couper une pièce d'étoffe mais il ne put mettre la main sur ses ciseaux ; il regarda ici et là et se releva brusquement en bousculant son escabeau pour chercher partout ses ciseaux. Il tapota du pied le sol tout autour de lui et se comporta comme quelqu'un qui aurait perdu la raison.
Quand le chambellan le vit agir ainsi, il n'en fut point réjoui ; il appela aussitôt les apprentis et leur ordonna de ligoter leur maître. Ceux-ci lui obéirent : ils lièrent leur maître et le battirent jusqu'à en être complètement fourbus puis ils le délièrent.

ne pas être réjoui : être attristé

fourbu : épuisé

Quand il fut libéré, le maître tailleur demanda au chambellan pourquoi il l'avait fait attacher et aussi vilainement maltraiter.
« Nidui me l'a conseillé, répondit-il, en me faisant entendre que périodiquement, lors des changements de lune, vous aviez des accès de démence et que si l'on ne vous attachait solidement, l'un ou l'autre d'entre nous pourrait en subir les conséquences. »
Le maître tailleur appela Nidui :
« Depuis quand as-tu appris que j'avais périodiquement des accès de folie ? » lui demanda-t-il.

vilainement : méchamment

entendre : comprendre

la démence : la folie

Et Nidui lui répliqua :
« Et vous, dites-moi donc aussi depuis quand je ne mange pas de miel ! »
Le chambellan et tous les apprentis, petits et grands, éclatèrent de rire et ce fut à juste titre, car celui qui trompe son compagnon mérite d'en recevoir la monnaie de sa pièce.

à juste titre : avec raison

Celui qui sème le mal récolte ce qu'il a semé.

Éric Omond

Toto l'ornithorynque et l'arbre magique

Illustré par Yoann

Australie :
la plus grande île de l'Océanie qui constitue un véritable continent

un ver de vase :
un petit ver rouge qui vit dans les rivières

LE JOUR SE LÈVE SUR UN PETIT COIN DE L'AUSTRALIE...
Mmhh?!
OUAAH!
Rien de tel qu'une bonne tartine de Vers de Vase au petit déjeuner!

un ornithorynque :
mammifère d'Australie possédant un bec de canard, une queue plate, des pattes palmées et de la fourrure. C'est le seul mammifère avec un bec. Il passe deux heures par jour dans l'eau, à avaler d'énormes quantités de vers, de larves, et parfois de petits poissons. Le reste du temps, il demeure dans son terrier dont l'entrée est hors de l'eau.

morose :
triste, grognon

la veine :
la chance

VOICI TOTO L'ORNITHORYNQUE QUE RIEN NE POURRAIT RENDRE MOROSE...
MIAM
ZUT! C'est bien ma veine! Plus de vers de vase ni de crevettes !!
SI CE N'EST D'AVOIR LE VENTRE VIDE!
HEUREUSEMENT, QUAND ON HABITE UNE RIVIÈRE, LA NOURRITURE N'EST PAS LOIN...
En plus, une baignade matinale ne me fera pas de mal!
BOING
PLOUF
SPLASH
?

PLUS D'EAU !!
Y'A PLUS D'EAU !!
La rivière a tout emporté !
J'ai trouvé juste de quoi tenir jusqu'au déjeuner.
Que vais-je devenir ?
ET IL RESTA UNE BONNE HEURE À SE POSER LA QUESTION...
Snif
WAWA !!
?!
TOTO ! Quelle surprise !
Super !
Qu'est-c'tu fais là si tôt ?
Hein ?
Wawa, c'est horrible ! Il n'y a plus d'eau dans la rivière !

un eucalyptus :
un grand arbre aux feuilles
très odorantes

la sécheresse :
le manque de pluie

en amont :
dans une partie de la rivière
plus proche de sa source

La sécheresse!
C'est la sécheresse!
CATASTROPHE!
Mais non, mes petits eucalyptus sont en pleine forme!
Je crois plutôt que la rivière doit être bouchée en amont.
SUPER!
Voilà une excellente occasion de se balader! Remontons la rivière!
Mais cela risque de nous éloigner longtemps de nos maisons.
Mais non! Pas si vous passez par la forêt!
La rivière décrit un arc de cercle, mais à vol d'oiseau, il n'y en a que pour deux heures.

Bonne route!
Merci.
Tu es sûr que nous sommes dans la bonne direction ?
Regarde cet arbre rouge, plus haut que les autres. Je vais y grimper et je pourrai voir le chemin à prendre.
Alors, allons-y.
YOUPIE!

un koala :
petit mammifère d'Australie à la fourrure importante et aux fortes griffes qui lui servent de crampons pour s'accrocher aux arbres. Il vit dans les forêts d'eucalyptus, car il se nourrit exclusivement des feuilles de cet arbre.

un wombat :
marsupial (animal qui porte ses petits dans une poche) qui ne vit qu'en Australie

PLUS L'ORNITHORYNQUE ET SON AMI KOALA SE RAPPROCHAIENT DE L'ARBRE ROUGE, PLUS LA FORÊT ÉTAIT CALME ET SILENCIEUSE...
UN VIEUX WOMBAT SEMBLAIT LES ATTENDRE DEPUIS TOUJOURS ...
Que venez-vous faire ici, jeunes animaux ?...
Nous voulons grimper en haut de l'arbre rouge et retrouver notre chemin.

rapetisser :
devenir plus petit

ma foi :
certainement, assurément

C'est impossible! Cet arbre est magique, et plus vous grimperez, plus il vous semblera vous éloigner du sommet!
Ah bon? L'arbre va grandir alors?
Au contraire : c'est vous qui aurez l'impression de rapetisser... c'est magique!
Hu Hu!
Ça c'est pas de chance!
Y'a plein d'arbres, et nous, 'faut que nous tombions sur celui qui est magique!
Peut-être savez-vous où est la rivière?
Ma foi non, je ne bouge guère d'ici...
...Mais j'ai quelque chose qui peut vous aider...

l'écorce :
l'enveloppe épaisse qui recouvre le tronc et les branches de l'arbre

un esprit :
un génie

reprendre la route :
continuer son chemin

?...
?!
Regardez ces brins d' écorce. Quand ce sera le moment, plantez-les dans le sol.
A' quoi ça sert ?
La première réveillera l'esprit du passé, la deuxième l'esprit du présent, et la dernière celui du futur...
NOS DEUX AMIS REMERCIÈRENT LE VIEUX WOMBAT ET REPRIRENT LEUR ROUTE...
Il est pas bien dans sa tête ! J'aurais mieux fait de grimper dans l'arbre...

ocalyptus :
eucalyptus

MAIS AU BOUT D'UN MOMENT...
GROUIK GROUIK
Mon ventre est en colère, il faut manger.
J'ai fini toutes les crevettes et les vers que j'avais emmenés...
J'espère qu'on sera vite à la rivière !
KRUMPF KRUMPF
Tu veux un peu d'ocalyptus * ?
Des feuilles ! Beurk ! C'est dégoûtant ! Tu veux me faire vomir mes vers ?!
UNE FOIS LE VENTRE PLEIN, ILS ARRIVENT DANS UN ENDROIT BIEN SOMBRE...
Et en plus, ça sent mauvais !
HAAA !! QU'EST-CE QUE C'EST QUE ÇA ?!
?

un herbivore :
un animal qui se nourrit exclusivement de végétaux

sentimental :
sensible, naïf

pour le plaisir :
sans nécessité, pour s'amuser

C'est la queue d'un animal qui a dû se faire manger par un plus gros que lui...
MAIS C'EST DÉGOÛTANT !!
Les herbivores, vous êtes trop sentimentaux. Il faut bien se nourrir. C'est la nature.
Eh bien, celui-là n'avait pas très faim. Il n'a pas fini son repas.
WAWA ET TOTO RENCONTRÈRENT D'AUTRES ANIMAUX MORTS. ILS ÉTAIENT ÉTONNÉS, CAR À PART L'HOMME, ILS NE CONNAISSAIENT PAS D'ANIMAL QUI TUAIT POUR LE PLAISIR.
Toto, j'ai peur! Allons-nous-en d'ici!
Moi aussi, je suis inquiet. Qu'a-t-il pu se passer?
PASSÉ ?
Mais oui! La première écorce est celle du passé! En la plantant, nous saurons ce qui est arrivé.
N'importe quoi!

être en paix :
être tranquille, serein

WA!!
Bon... Bonjour. Qui es-tu?
Je suis l'esprit du passé, le fantôme des animaux morts.
Nous étions tous en paix dans la forêt avant que ne vienne la BÊTE...
La BÊTE nous avait interdit de venir près de la rivière.
Mais nous avions trop soif et à la nuit tombée...
... nous sommes allés boire à la rivière malgré l'interdiction.
Et alors?
La BÊTE était là ! Elle nous a poursuivis jusqu'ici.

vaincre :
remporter une victoire,
venir à bout d'un ennemi

jurer :
promettre

ET ELLE NOUS A TOUS TUÉS!!
HA!
Ce n'est pas de chance ...nous allions vers la rivière, mais s'il y a la BÊTE, autant faire demi-tour.
NON! Car vous avez des écorces magiques et vous pourrez vaincre le monstre.
... Alors, en souvenir des animaux morts allez combattre la BÊTE!
D'accord. Nous jurons d'essayer.
Ça va pas! T'es fou ou quoi?
Je suis l'esprit du passé et je souffre trop souvent d'être oublié...
Vous trouverez la rivière en continuant dans cette direction.
Merci. Nous ne t'oublierons pas.

un cactus :
plante grasse à épines que l'on trouve dans les pays chauds

WAWA! Regarde cette drôle de chose!
On dirait un cactus qui tremble!
Les cactus ne tremblent pas.
C'est peut-être le vent qui le fait bouger.
Il n'y a pas de vent.

un échidné :
mammifère au dos recouvert de longs piquants, doté de fortes pattes griffues, et d'un long museau terminé par une petite bouche. Il se nourrit d'insectes qu'il attrape avec sa langue, puis broie dans son estomac grâce aux cailloux qu'il a avalés.
Il vit dans les régions broussailleuses,
en Australie et en Nouvelle-Guinée.

se mettre en boule :
(chez les animaux)
s'enrouler sur soi-même en une attitude défensive

Alors... heu... c'est peut-être un cactus ou un animal...
¡DIOT! Un animal ne peut ressembler à un cactus!
SI!
?
WAA!
Quel drôle d'animal... Pourquoi trembles-tu?
Je suis Chichi l'échidné.
Je suis en boule car j'ai eu très peur.
Moi aussi!
La BÊTE m'a poursuivie jusqu'ici. Elle avait de grandes dents et des yeux brillants!
Elle ne m'a pas mangé à cause de mes piquants.
J'ai des écorces magiques pour combattre la BÊTE. Viens avec nous et tu n'auras plus peur...
C'est pas vrai, moi j'ai quand même peur!
D'accord, comme ça, je vous aiderai à reconnaître la BÊTE.

STOP!
C'est malin de s'arrêter comme ça ! J'ai failli me piquer sur Chichi !
J'AI FAIM !!
Et alors? Moi j'ai faim, mais je n'ai plus d'eucalyptus...
...et ici il n'y a pas de fourmis rouges.
Que va-t-on devenir à présent, si nous n'avons rien à manger?
Tu as parlé de présent?
Plante la deuxième écorce, celle du présent!
Qu'est-ce qui va se passer?
GÉNIAL !!
Un truc super!
OUAIS!
... mais je sais pas quoi.

un paradisier :
oiseau de Nouvelle-Guinée et d'Australie, appelé aussi oiseau de paradis, dont les plumes magnifiques ont des reflets métalliques

un nouveau défi :
un nouveau combat

UN GRAND PARADISIER DESCENDIT DU CIEL !
Bonjour, je suis l'esprit du présent.
Chaque jour est un nouveau défi pour l'animal.
Il doit travailler pour survivre et se nourrir...

le plumage :
ensemble des plumes
d'un oiseau

Aujourd'hui vous avez faim... alors le vert de mon plumage sera l'eucalyptus...
... L'orangé sera les vers et les crevettes...
...Et le rouge les fourmis.
HO
HA

faire attention à quelqu'un : l'observer, en avoir conscience

Quel dommage que l'oiseau ait disparu en se transformant, il était si beau...
... et si bon.
Je n'ai pas disparu, je suis toujours là ...
Où ça? Je ne vois rien.
Je suis invisible maintenant, comme le présent je ne dure qu'un temps, sitôt arrivé et déjà parti...
... Mais pour peu qu'on y fasse attention, tous les jours je renais plein de nouvelles couleurs.
Merci esprit du présent, maintenant nous ferons attention à toi.
HiHi!
HA!
HA HA!!

un buisson :
un groupe d'arbustes
touffus

HAAA !!
AU SECOURS !
Quoi encore ?
En passant devant le buisson, j'ai vu deux yeux brillants !
Allons voir ça de plus près...
Hiii ! C'EST LA BÊTE !
LA BÊTE !!
WHAAAA !
?
?
?

une chauve-souris :
mammifère nocturne dont le corps ressemble à celui de la souris, avec de grandes ailes de peau. Quand elle dort, elle s'accroche aux branches des arbres, la tête en bas. En Australie, on trouve des chauves-souris appelées renards volants qui se nourrissent de fruits sauvages et de pommes ou de mangues qu'elles volent dans les vergers.

GLAGLA
HAHA
HAHA
Pourquoi vous riez?
Parce qu'il n'y a pas de bête!
HA HA HA
Nous avons pris tes lunettes pour des yeux brillants!
Mes lunettes! Hahaha!
HU HU HU!
Je suis Riri la chauve-souris, et vous, que faites-vous là?
Nous cherchons la rivière, il paraît que c'est tout droit!
Pas de problèmes! En volant au-dessus des arbres, je vais vous guider!
C'est une super idée!
C'est par là! Suivez-moi!
HÉ! PAS SI VITE!

myope :
qui ne voit pas de loin

MAIS À LA FIN DE LA JOURNÉE...
Mince! Où on est?
Heu... Je crois que j'ai confondu les reflets du soleil... ça fait comme l'eau!...
C'est pas possible! Tu nous as complètement perdus!
C'est que je suis un peu myope...
Le soleil se couche! Le mieux, c'est de rester à dormir ici!
Plantons l'écorce du futur, peut-être nous aidera-t-elle pour demain.
Bonne nuit, Toto.

un boomerang :
(mot anglais) arme des indigènes australiens (devenue un jeu très populaire), faite d'un morceau de bois recourbé, qui revient vers celui qui l'a lancé, si la cible est manquée

TOTO ! Il est temps de rêver !
Je suis où ?
Dans mon pays... Je suis l'esprit du futur, l'esprit des rêves.
Ah bon ? Et qu'est-ce qu'on va faire ?
Se promener ...
Profiter de ton sommeil...
Mais je n'ai pas le temps, je dois retrouver la rivière.
Il faut faire confiance à ses rêves... apprendre à espérer.
Tu vois ce boomerang ? Vas-y !

Va dans cette direction, et tu verras une croix.
Et maintenant ? Je fais quoi ?
Tu te sers de tes oreilles...
J'entends une musique... Qu'elle est belle !
Suis cette musique et n'oublie pas d'écouter tes rêves.
Merci ! Cet air me redonne espoir !

TOTO ! Il est temps de se lever !
Mm?
LÀ-BAS !! LE BOOM-RANG !
Quoi ?
?
Toto, attends-nous !
Qu'est-ce qui lui prend?
YOUPIE!
Je vois la croix ! Super !
Et maintenant, servez-vous de vos oreilles !
Voilà autre chose !
Qu'est-ce qu'il dit?
J'entends le bruit de l'eau.
HO!

asssécher :
enlever l'eau d'un endroit
pour le mettre à sec

un barrage :
obstacle installé pour barrer
une route, un cours d'eau

un gecko :
petit lézard gris aux pattes
munies de ventouses

Suivons ce bruit...
TOTO ET SES AMIS ONT COMPRIS CE QUI A ASSÉCHÉ LA RIVIÈRE : DES BRANCHES ONT ÉTÉ MISES EN TRAVERS POUR FAIRE UN BARRAGE.
Bonjour Gecko, qui a mis ces branches ici ?
Partez vite, car c'est la BÊTE qui a fait ce barrage !!
Les habitants de l'eau qui descendent la rivière sont coincés et la BÊTE les mange !
Et comme la rivière est devenue trop large, ceux qui veulent traverser sont pris au piège !
Nous n'avons plus d'écorces magiques, tout est perdu...

un phalanger :
petit marsupial australien
qui peut planer grâce
à une membrane tendue
entre ses pattes

Regardez! Un Phalanger qui saute par-dessus l'eau!
PLOUF
AU SECOURS!
Mon dieu!
LA BÊTE!!

oh ! hisse ! :
petit cri qui accompagne un effort collectif pour soulever quelque chose

RiRi !
Va voler
au-dessus
de la
BÊTE !
Mon
dieu !
HA!
HA!
Chichi, Wawa,
venez avec moi !
HOO!
HISSE!

le courant :
le mouvement de l'eau

Par là, il y a plus de courant !
?
HAAA !

un temps record :
très très rapidement

La rivière est libérée!
Hourra!
ET ILS DESCENDENT LA RIVIÈRE EN UN TEMPS RECORD!
Bravo!

la berge :
le bord (de la rivière)

MA MAISON !!
Quelle joie d'être de nouveau chez soi !
Comment tu t'appelles?
FAFA !
C'est très joli cet endroit...
Vous pouvez vous installer ici, si vous voulez.
GÉNIAL ! TOUS ENSEMBLE !!
Et qui me ramène sur la berge ?
Moi!
Moi!
Moi!
Moi!

Table

Si tu as aimé :

Les habits neufs de l'empereur

Tu aimeras aussi :

Histoire du Prince Pipo, de Pipo le cheval et de la princesse Popi

de Pierre Gripari

Éditions Grasset & Fasquelle

Le prince Pipo découvre un vilain matin que ses parents ne sont ni roi, ni reine, mais de pauvres gens...

Si tu as aimé :

Le poil dans la main

Tu aimeras aussi :

Pépère et les casse-pieds

de Gilles Barraqué, illustrations de Sylvie Bessard

Nathan, collection Pleine Lune Humour

Pépère Noël est gourmand, égoïste, paresseux, n'aime pas se laver et surtout il lui arrive de drôles de mésaventures...

Si tu as aimé :

Fabliaux de Moyen Âge

Tu aimeras aussi :

Émilie et le crayon magique

de Henriette Bichonnier

Le Livre de Poche Jeunesse n°176

Grâce à son crayon magique, tout ce que dessine Émilie devient réel. Et le Moyen Âge la passionne...

Tu as aimé

TOTO L'ORNITHORYNQUE ET L'ARBRE MAGIQUE

Découvre cinq autres aventures de **TOTO** et tous ses amis :

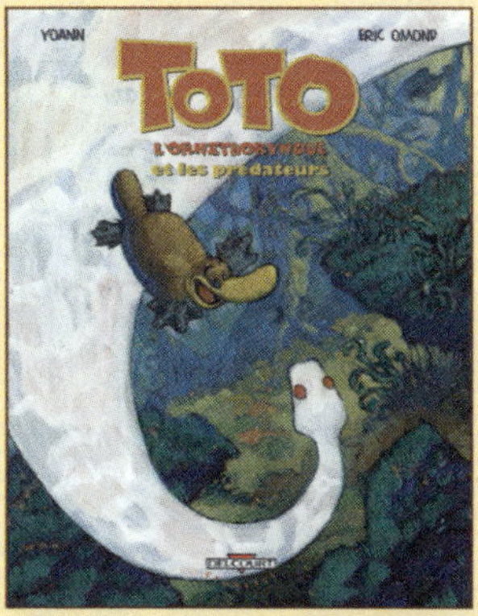

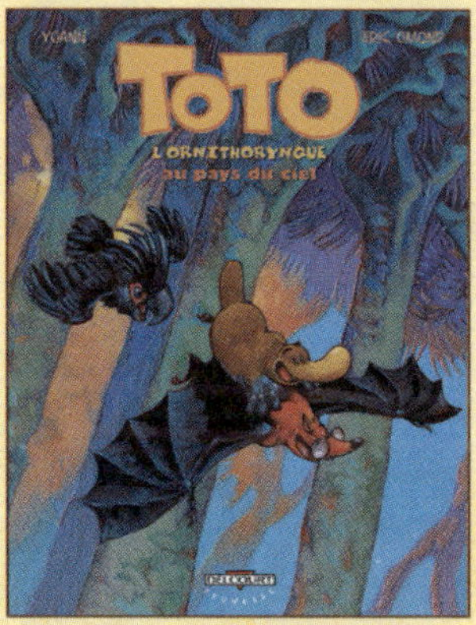

Format 22 x 29
32 pages couleur

Et collectionne les fiches sur les animaux d'Australie glissées dans chacune des BD !

DELCOURT JEUNESSE

Édition : Thierry Amouzou, assisté d'Aurore Giuily
Fabrication : Patricia Coulaud
Illustrations :
Éric Puybaret, Jérôme Brasseur, Annie-Claude Martin, Yoann
Création de la couverture : Estelle Chandelier
Réalisation de la couverture : Estelle Chandelier
Maquette intérieure : Laurent Carré, Michaël Funck
Réalisation : François Hacker
Relecture : Chantal Maury
Photogravure : Nord Compo

Imprimé en Italie par L.E.G.O. S.p.A.
Dépôt légal: 06/2012
Collection n° 73 - Edition n° 07
11/6498/7